LE FANATISME

ANTI-CATHOLIQUE.

On trouve aux mêmes adresses :

La Tactique de Tribune.

Le Ministre.

L'Invocation aux Autorités.

LE FANATISME ANTI-CATHOLIQUE.

Stulti....., in contraria ruunt.

PARIS,

PIHAN DELAFOREST, imprim., rue des Noyers, n° 37.
HIVERT, Libraire, rue des Mathurins St.-Jacques, n° 18.
DELAFOREST, Libraire, rue des Filles-St.-Thomas, n° 7.

1826.

LE FANATISME
ANTI-CATHOLIQUE.

La bonne foi se rencontre dans l'erreur comme dans la vérité et n'abandonne jamais la passion : le cours progressif de ses phases se manifeste par l'ardeur, l'enthousiasme, le fanatisme ; en s'animant ainsi, en s'exaltant par degré, la bonne foi se voit de plus en plus exposée à devenir impérieuse, intolérante. Une conviction pleine et profonde, met hors d'état de concevoir comment il existerait quelque autre croyance, comment il n'existerait aucune croyance : ainsi naissent le soupçon, le reproche, le mépris. C'est la bonne foi même, qui présume et suppose la mauvaise foi.

Et comme il est réservé à la vérité de porter aux ames, la conviction la plus intime, la plus tenace, l'erreur sera surtout accusée de mauvaise foi, sera bientôt confondue avec la mauvaise foi.

On devrait se roidir contre cette tendance instinctive, se refuser à ces présomptions hasardées; on devrait reconnaître ce qui est, avant de déterminer ce qu'il faut faire. Ce serait chose injuste et maladroite à la fois, de lancer les foudres de l'anathème, quand il ne s'agit que de répandre la lumière.

Il y a bonne foi, dès qu'il y a passion. Tel est le principe à établir, sans considérer aucunement si la passion s'est emparée d'une opinion vraie, qui ne sait pas toujours s'en garantir, ou si elle s'est rejetée sur de fausses opinions, qui lui prêtent un champ moins limité.

Or, la passion se décèle dans sa marche, se trahit par ses actes, en ce qu'elle ne voit jamais les choses comme elles vont, ni les hommes comme ils sont; en ce qu'elle se transforme dans sa lutte contre les résistances, en démence, en frénésie, en rage.

De tout temps, on aura vu des peuples, nourris de traditions et fortifiés pas les habitudes, passer de la ferveur des sentimens religieux, à l'aversion contre les cultes étrangers, à la colère contre leurs adhérens, à l'intolérance contre leurs rites, aux persécutions, tant que la puissance demeure.

Et maintenant on verra des hommes, ranimant des souvenirs éteints, à l'occasion de certains faits, passer de la terreur des influences religieuses, à la haine et à la méfiance pour les ministres de l'autel, à la répugnance et à l'horreur pour les pratiques pieuses, à l'antipathie pour tout dogme et tout précepte émanés d'en haut, aux persécutions, pour peu que la force revienne.

C'était le fanatisme ; et c'est le *contre-fanatisme:* c'était et c'est une passion; il y avait et il y a bonne foi.

Les écarts et les excès suivent le même mode; l'égarement, l'aveuglement se montrent au même point; à présent comme autrefois, il n'apparaît sur la scène, que délire et vertige, que violences et fureurs; preuves incontestables et en même temps inévitables conséquences de la passion, c'est-à-dire de la bonne foi.

Envisagez les chefs. Ils ne s'appartiennent plus, ils ne se connaissent plus : toute mémoire est perdue, toute alliance rompue, toute pudeur méconnue; l'opinion et la volonté sont soufflées à l'insu de la conscience. Devenus machines, la passion régit ces êtres, en meut tous les ressorts.

Et de là dérivent cette verve étincelante, ces mouvemens entraînans qui les caractérisent; c'est la sorte d'effervescence qui se développe dans le paroxisme de la fièvre, dans les accès de manie. Ainsi sous l'empire du dieu dont elle était possédée, la pythonisse de Delphes s'agitait, s'exaltait, éclatait en paroles.

Quant à la tourbe des sectaires, il n'y a pas moyen de récuser leur bonne foi : la vue de l'homme déja si courte, se raccourcit encore pour eux, se confine sous la sphère où ils sont englobés : en dehors, au delà, il n'y a que vide. D'ailleurs, toute masse est inepte à concevoir un plan, à combiner un thême, à comploter une trame; la disette d'intelligence et la surabondance d'activité y mettent opposition : toute masse ébranle, renverse, écrase; mais elle attend un moteur.

On se trompe, on ne trompe pas. C'est à la bonne foi fourvoyée que s'adresse la bonne foi éclairée; et celle-ci n'oubliera pas qu'elles sont sœurs, que leur premier âge s'écoula sous un toit commun, que marchant aux mêmes fins, la leçon des temps doit quelque jour les rallier sur les mêmes voies : elle n'oubliera pas que s'il fut donné aux insinuations, aux instigations de la passion, d'enlever les opinions et d'envahir les volontés, il est également réservé aux emportemens, aux extravagances de la passion, de révolter l'esprit et de repousser les cœurs.

Eh! bon Dieu, tant de haine et tant de rage, dont les procédés sont révoltans, dont les conséquences épouvantent, au fond, en remontant à leur origine, en appréciant leurs causes, ne font que pitié.

Tout à coup, un levain empoisonné s'insinue

dans le chaos des idées ; la fermentation est bientôt rendue au dernier période ; l'explosion a lieu et brise en mille éclats le vase dont les parois trop faibles opposaient peu de résistance : c'est un torrent furieux qui ravage le sol de l'opinion.

Mais d'où provient une telle crise? et pourquoi survient-elle aujourd'hui plutôt qu'hier, qu'avant-hier? Les faits sont de vieille date ; il y a deux ans, quatre ans et plus, la congrégation s'assemblait, l'ultramontanisme écrivait, les pères de la foi professaient, les missionnaires prêchaient. Et tout cela passait devant les yeux, sans que la pensée prît l'éveil.

L'esprit était ailleurs. Cette guerre qui eut le brillant de l'éclair, puis le marché aux élections et le trafic des journaux, puis le dogme septennal et le mode légal de faillite, absorbaient ses facultés. Le souffle du temps a tout emporté ; l'imagination se sent à jeun, n'ayant pour s'alimenter que les faibles rentrées de la Grèce et de l'Espagne : il faut chercher quelque autre pâture, et les sombres rêves, les idées moroses, s'offrent aussitôt à ses appétits dévorans.

Tout est là. Vienne une nouvelle guerre, viennent des actes ou des lois analogues, vienne seulement la famine ou la peste : et sur-le-champ les débats prennent fin, le rêve s'évanouit, tout souvenir même s'en perd : c'est une contre-révolution.

Les esprits n'aspiraient qu'à se faire du jeu; d'autres cartes leur sont fournies, n'importe lesquelles. L'idée, oisive et inquiète, se promenait en certaines cases du cerveau : les cases changent, mais la promenade continue. Et ces mâchoires, plus ou moins aptes à l'action, que remuait la langue impatiente, se remueront de même, seulement en un sens différent.

Veut-on aller au fait? Car enfin c'est là où tout gît, d'où tout surgit. Ecoutez bien ces gens qui parlent si haut, qui hurlent et s'enrouent enfin : à tout prendre, ce n'est que du bruit, ce ne sont que des cris, dont le son vide de sens s'évapore dans les airs.

Chacun parle et personne ne pense, personne ne croit. Il y a loin de la parole à la pensée, plus loin encore de la pensée à la croyance. La langue, la raison, la conscience, choses si diverses, si distantes, se meuvent à part et entrent rarement en contact, en rapport. Le plus souvent, l'organe matériel, la langue, exerce l'ascendant : à force de dire et redire la même parole, l'homme l'admet en façon de pensée, s'y attache en forme de croyance, et puis il s'écrie : Je le crois. — Non, faut-il lui répondre, tu ne crois pas, tu crois croire.

L'INTELLIGENCE, si débile, si volage, et pourtant avide de s'exercer, est entraînée par un instinct irrésistible à se figurer, à simuler des masses qui fixent son attention, qui activent ses conceptions; et la passion, insatiable de haine, de colère, de vengeance, se montre encore plus ardente à inventer des classes, des catégories, au moyen desquelles ses mouvemens impétueux s'opèrent sur une échelle plus étendue.

Tantôt, c'est une idée abstraite, absolue, qui vient envelopper et renfermer, sous un cercle tracé au compas, quelque amas d'êtres discordans: tantôt c'est un fait, un acte partiel et accidentel, qui, prenant un caractère de généralité, va rallier et qualifier un chaos de faits et d'actes hétérogènes.

Ainsi, les nations, les provinces, les cantons, et les ordres, les états de la société, aussitôt qu'ils sont atteints d'un sentiment hostile envers quelques membres de l'agrégation limitrophe, se laissent éprendre et embraser en la même manière contre l'agrégation en totalité.

Ainsi, dans ces jours déja oubliés, à l'occasion d'une conspiration tramée aux plus bas lieux et fondée sur les plus fausses notions, l'imagination d'un membre du parquet prétendit forger, à la suite de cet anneau isolé, une chaîne indéfinie de trames occultes, et organiser une hiérarchie de ventes révolutionnaires, un système universel de carbonarisme.

Ainsi, certaines gens, frappés d'horreur pour d'ignobles intrigues, ou troublés par la haine des pratiques pieuses, ont été induits à évoquer du néant, le spectre du congréganisme, et à prendre peur, à jeter les hauts cris devant cet être de leur création.

Qu'on lise à cette heure l'amplification débitée devant la cour il y a six ans, et qu'on lise dans six ans, les déblatérations maintenant émises de bouche et de plume, il faudra rire et des autres et de soi-même.

En attendant, le coryphée de la secte s'efforce de propager la terreur.

« Il dénonce l'existence de plusieurs affiliations illicites, connues sous le nom générique de congrégation, lesquelles .... *paraissent* toutes liées par le même esprit...... *tendent* à se composer une influence........ *espèrent* maîtriser le ministère. »

Se composer une influence, maîtriser le ministère! Quel crime abominable! Rien qu'un spectre n'en était capable. Tout va si bien depuis que nul corps n'exerce d'influence, depuis que le cabinet ne connaît que la loi du bon plaisir. Mais rendons grace au Ciel : heureusement le délit n'est pas encore consommé, et la peine au pied boiteux peut intervenir en temps utile; jusqu'à cette heure, l'attentat se borne *à paraître, à tendre, à espérer.*

Du reste, s'il faut s'en rapporter à la dénonciation dont l'objet apparent est moins touchant, ces affiliations ont *pour objet apparent* de suivre des exercices de piété, de propager la foi chrétienne, de répandre la morale; et, en effet, personne ne s'est encore avisé de supposer que la congrégation discutât en assemblée générale, les moyens de se composer une influence et de maîtriser le ministère.

Laissons donc de côté la congrégation prise en bloc; elle fera la contre-révolution à peu près comme la franc-maçonnerie a fait la révolution. Les sociétés secrètes prêtent une matière propice au travail de l'imagination : elle y voit tout ce qui lui plaît, elle frissonne autant qu'il lui est agréable. Ainsi la jeune fille se sent glacée d'effroi à l'aspect de ces sombres nuages dont les formes varient à chaque instant; ils semblaient menacer de foudroyer sa demeure, ils allaient se fondre en un déluge de grêle, lorsqu'un léger vent s'élève, les disperse, les chasse au delà de l'horizon.

La congrégation formerait-elle des projets, des complots même, comme on est libre de le croire? Que vous importe? Tout cela s'agite au dehors, se passe dans la région des rêves. Craignez plutôt cet esprit contagieux dont s'imprègnent et se pénètrent les diverses classes du peuple. Quand l'atmosphère est chargée, est comblée de vapeurs encore imperceptibles à nos sens, il suffit d'un rayon de chaleur pour les condenser, pour déterminer l'explosion. Quand cet esprit se trouve en hostilité avec l'ordre des choses, à la première occasion, on ne sait d'où, on ne sait comment, quelque homme se détache de la foule, s'élance au-dessus du niveau commun; et la fin d'une société surannée suivant le siècle, est advenue.

Or, cet homme ne sera pas un congréganiste. Il se peut que l'asile naguère sacré, où se reposait la piété persécutée, où se raffermissait la foi ébranlée, ait été envahi par cette bande de chevaliers d'industrie, lâches hypocrites, s'ils sont mécréans, sacrilèges odieux, s'ils ont la foi, qui s'insinuent dans le sanctuaire pour dérober les offrandes, qui escaladent l'autel pour en faire le marche-pied de l'ambition. Il se peut, comme cela s'est vu souvent, que les choses saintes, appât trop séduisant, aient attiré une vermine dévorante qui se répand à la surface, en suce la substance, et pullulant sans cesse, ne laisse plus apercevoir qu'une croûte immonde.

Eh bien ! qu'auront fait les misérables? Ce fut assez de leur souffle, de leur contact, pour tout flétrir, pour tout souiller. Les choses saintes sont dépouillées de la fleur d'innocence, de l'attrait de pureté qui commandaient le respect; les choses saintes sont honnies peut-être. Vous trouvez la place libre et nette, ennemis de la religion; ces gens vous ont servi, n'ont travaillé que pour vous.

Mais qu'est-ce que ces gens? Passez en revue la bande noire; fouillez les coins et recoins de la congrégation pseudonyme : vous n'y trouvez, ni souvenirs à exhumer, ni talens à invoquer. Poursuivez, tentez seulement de déchiffrer ces noms qui n'eurent jamais de cours que dans les antichambres; il y a de quoi vous remettre l'esprit en paix.

Puis, s'il vous plaît de tirer vengeance de la peur dont vous fûtes atteints, publiez ces noms, affichez-les, placardez-les, livrez-les à la risée et au mépris; et s'il arrive que la justice, trop sujette à dévier de la ligne de l'équité, vous accuse de diffamation, dites à la justice : « Ingrate, c'est pour toi que nous nous dévouons; aveugle, ce sont eux que tu dois punir. »

En vérité, nous perdons l'esprit. Il y a un roi, une armée, un trésor; il y a des Chambres et des tribunaux; il y a une opinion publique; et c'est devant cette taupinière fouillée dans la fange, que s'assemblent gravement deux nations contendantes : celle-ci ambitionnant, dit-on, de l'édifier jusqu'aux nues, celle-là déterminée à la raser de fond en comble. Les Grecs et les Troyens combattaient avec moins de fureur, avec moins d'opiniâtreté; et, si le souvenir doit s'en transmettre, le burin mordant de l'ironie gravera sur la honteuse page de nos annales : *Ubi Troja fuit.*

A Dieu ne plaise que l'homme se donne la peine d'observer et d'apprécier les choses en elles-mêmes : le temps lui manque, ou la patience ou la force ; il est des méthodes plus simples pour former son opinion, pour fixer sa volonté.

A l'égard des choses nouvelles, quelque intérêt matériel, ou quelque attrait idéal, ont le droit reconnu de persuader et convaincre sans recours. Quant aux choses anciennes, que ramène sur la scène le cours des évènemens, on se règle sur le jugement qui en a été porté jadis ; au bas de l'image retracée dans l'histoire, il se rencontre certaine note, certaine glose : c'est l'étiquette du sac. Et loin de fouiller, de vider le sac pour examiner le contenu, on se croit suffisamment instruit, en jetant un coup d'œil sur l'étiquette.

Peut-être la chose passée et la chose présente, n'auront d'autre rapport que le nom, ne se ressembleront que par le son des voyelles, au moyen desquelles, l'idée est transmise à travers l'ouïe, jusqu'à l'intelligence : il n'importe, c'est le signe grammatical, le mot accentué qui seul frappe et domine l'esprit.

Les temps ne sont pas loin, où il suffisait, pour tourner les têtes, qu'une robe de moine apparût, qu'un couvent de filles s'établît, qu'un legs fût fait à quelque établissement religieux : moine, couvent, legs, ces mots jetaient une épouvantable clarté ; la vie monastique menaçait d'envahir la patrie, les réduits de la fainéantise allaient couvrir le sol, tous les biens devenaient biens de main morte, l'industrie et la liberté s'éteignaient à jamais. Rien n'était plus évident.

Maintenant, c'est une autre vision. Le voilà, cet ordre, tant prôné et exalté, tant blâmé et abhorré ; cet ordre fort entre les faibles et fin parmi les sots, habile dans les revers plus que dans les succès, invariable en maximes plutôt qu'en conduite ; institution analogue à celle de Sparte, qui, dominée par la règle, est capable de lutter contre tout pouvoir rebelle à la règle, qui, dirigée dans un esprit spécial, est apte à produire suivant les circonstances, des résultats favorales ou nuisibles ; institution anomale au dix-neuvième siècle, qui jadis fit du mal peut-être, qui ailleurs ferait du mal peut-être, et de nos jours, sur notre sol, pourrait à peine faire quelque peu de bien ; institution à laquelle, tant de faux amis devaient attirer tant d'ennemis réels, et sur laquelle l'erreur est aussi grande d'y voir la colonne de lumière ou la torche de l'incendie.

Mais que craignez-vous donc?

Serait-il vrai que quelques fidèles fussent prêts à se ranger sous la bannière des Jésuites? dispersés, ils cherchent un point de ralliement; longtemps persécutés, ils conservent des inquiétudes : c'est l'autel qui les intéresse; ce sont ses dangers qui les épouvantent. En attaquant avec violence une portion de ses défenseurs, vous effrayez sur vos projets, vous leur donnez des auxiliaires. Mettez l'autel sous votre garde; faites la paix avec les consciences, et toute alliance est dissoute.

Serait-il vrai que l'Eglise gallicanne fût tentée de faire cause commune avec cet ordre renaissant? Un même péril semble les menacer; les ennemis de nos ennemis sont toujours nos amis : devenez vous-mêmes ses amis; rendez-lui quelque liberté; souffrez qu'elle puisse enfin s'organiser, qu'elle prenne enfin un corps. Et dès lors, l'Eglise même vous servira de garde avancée, contre toute irruption : jamais le clergé séculier et régulier ne furent d'accord : si celui-ci reste soumis à l'ordinaire, son ambition est impuissante; s'il se débarrasse du joug, une ombrageuse surveillance le contient.

La peur crée des fantômes. On ignore donc quelle est l'influence exercée sur l'immense majorité des royalistes, par les révélations de l'histoire et par les traditions de famille. L'abolition de l'ordre fut mûrement méditée, lentement accomplie, étendue à toute l'Europe, enfin consacrée par le Saint-Siège; ces faits entraînèrent les esprits, et l'approbation devint à peu près unanime : elle fit loi; écoutez plutôt les vieillards.

La révolution n'a plus rencontré les Jésuites, et peu de gens projettent leurs rêves au delà du *statu quo* de 1789. La révolution est survenue vingt-cinq ans après l'expulsion de l'ordre; et s'il est possible de supposer qu'en conservant ce régulateur, les temps fussent restés stationnaires, il est permis aussi de calculer à l'aide des dates, que les moteurs de la catastrophe sont sortis en partie de ces collèges si renommés.

D'autre part, il n'y a pas moyen de dénombrer les bataillons hostiles. C'est une tourbe, une cohue qui couvre la terre de ses tentes, qui remplit l'air de ses cris, qui lance ses traits sans relâche : sait-elle ce que fut, ce que sera l'ordre trop fameux, ce qu'il est maintenant : non sans doute; elle déteste sur parole, elle s'épouvante de mémoire. Comment se faire une opinion, quand l'intelligence manque? Pourquoi se faire une opinion, quand la volonté l'a devancée. Tourbe aveugle, inepte cohue, ses mouvemens sont d'autant plus impétueux, d'autant plus indomptables : rien ne tient contre son choc.

Mais, dit-on, cet ordre est téméraire : nul péril ne l'effraie, nul échec ne le rebute, nul revers ne l'abat : les trônes ont cédé, les parlemens se sont lassés, l'université s'est soumise, le clergé a été dominé, subjugué. Il n'a pas fallu moins qu'une conjuration presque universelle pour lui porter le dernier coup : et de ses cendres jetées aux vents, il menace à cette heure de renaître, de se reproduire tout semblable, tout puissant.

Sans doute l'ordre sera téméraire, s'il espère du siècle ; et sans doute, si l'ordre est téméraire, le siècle l'en punira. Cela se peut cependant : il se peut que des regards fixement tendus vers le Ciel, ne s'abaissent pas jusqu'à saisir les données de la terre ; il se peut que des esprits renfermés entre les quatre murs du cloître, trament en silence la conquête d'un univers inconnu. Daigne le Ciel écarter de tels présages ! Le sol de la patrie n'a-t-il pas été assez déchiré, assez arrosé du sang des chrétiens.

Cet ordre fut toujours téméraire ! Il est raisonnable de le croire, au récit de ses triomphes comme de ses défaites, au récit des luttes qu'il eut à soutenir, seul entre tous les ordres monastiques. Cependant l'histoire a posé des chiffres que l'imagination franchit bien légèrement : l'histoire en parle à peine dans les commencemens, s'anime en raison de ses progrès, ne s'enflamme qu'après un long intervalle. Jadis un siècle ne fut pas de trop; maintenant, serait-ce assez d'un demi-siècle? Nous le voulons bien : alors nous aurons peur; alors nous serons saisis d'effroi : toutefois s'il devait se rencontrer encore sur la face du globe, quelque monarque à détrôner, au moyen d'une bulle, à immoler sous le manteau de la religion.

Les nombres ont leur puissance, de même que le temps. En France, en Europe, car l'ordre fait corps, combien existait-il, et combien existe-t-il d'enfans de Loyola? En supposant dix mille et cinq cents, le succès auquel les dix mille sont parvenus en cent années, ne serait atteint par les cinq cents que dans deux mille ans.

Prenons donc quelque repos. La marge aurait encore une belle étendue, si les cinq cents, passés en revue au point du départ, devaient se recruter sur la route, dans une progression accroissante, c'est-à-dire si la mode, la vogue, la fougue, magiques influences qui, au pays de France, s'ingèrent jusque dans les choses saintes, devaient persister irrévocablement.

Mais on n'écoute rien; et à cet égard il n'y a pas à blâmer; car sous l'obsession d'une telle manie, en écoutant avec le plus grand scrupule, on n'entendrait rien. On s'échauffe, on s'enflamme, l'incendie se propage rapidement dans toute l'enceinte du cerveau : c'est la combustion, la conflagration générale des idées.

Des têtes jusqu'alors saines et froides se troublent devant l'ombre du monachisme, se trouvent mal à l'aspect d'une robe brune ou d'une guimpe blanche. Comment vous ne voyez pas? c'est la contre-révolution qui arbore ses enseignes, qui forme ses recrues, qui fonde ses arsenaux.

Les ligoristes, placés en vedette dans notre camp même, n'attendent qu'un signal de leur supérieur pour confisquer l'Alsace au profit de l'empire germanique. Les frères ignorantins enfantent chaque jour des bataillons imberbes, prêts à battre la charge contre les libertés publiques. Les sœurs grises inoculent à leurs malades, la rage de constituer l'empire du Ciel sur les ruines fumantes de ce bas monde.

Ainsi va la parole ou du moins la pensée; car il était écrit que le fanatisme irréligieux laisserait en arrière le fanatisme religieux, en fait de folies et peut-être en fait de cruautés, si force venait.

Cependant tandis que l'homme parle, c'est le temps qui agit, qui fait; dans cinq ans, dans dix ans, nos gens seront-ils donc ébahis? Ils lisaient dans l'avenir; ils avaient tiré l'horoscope de la France. Un coup d'œil va leur apprendre si les destins se sont soumis.

Or, en 1830 et 1840, il y a des Jésuites ou il n'y a pas de Jésuites : l'un vaut l'autre ; ce n'est qu'une dispute de mots : les deux propositions ne contrastent qu'en apparence. Il y a des Jésuites, si la loi, passant à l'arbitraire, juge à propos de soumettre à la torture ordinaire et extraordinaire, pour en arracher quelques aveux forcés, les consciences de certains prêtres réunis en certaines maisons et absorbés par certains devoirs : il n'y a pas de Jésuites, si la tolérance constitutionnelle daigne permettre à ces prêtres qui ne recourent pas à l'autorité, pour consacrer la perpétuité de leurs vœux, qui ne réclament leurs droits naturels qu'au nom des pères de famille dont ils ont la confiance, de ne pas décliner leurs noms, prénoms et surnoms.

Il y a des Jésuites dénommés ou des Jésuites innominés : le nom ne fait rien à la chose.

Mais qu'est-ce que la chose ? Comptez les maisons de l'ordre : elles étaient au nombre de sept en 1826 ; elles sont maintenant de quelques unités au-dessus ou au-dessous. Ce rapport aura été réglé par une loi d'ordre transcendant : dans nos casernes, la quantité des lits indique l'effectif, et les coucheurs se tiennent au grand complet, graces à la conscription : mais en ces maisons les locataires sont libres ; la milice enfantine se forme par enrôlemens volontaires : c'est aux temps à fournir les recrues, aux recrues à remplir les lits, aux lits à étendre et augmenter les maisons.

Cela vous fâche-t-il, amans jaloux de la liberté ?

Que la paix de Dieu soit donc entre vous, adversaires et défenseurs des Jésuites ! Le siècle se joue également et des espérances et des craintes ; siècle marche vite, marche de plus en plus vite, et laisse à une distance démesurée ces pelotons de traîneurs, qui s'amusent à ressasser et passer au tamis quelques grains de sable lavés par les orages.

Déja le capitaine des bandes ennemies est en grande peine pour fournir aux cours et se donner à lui-même des motifs plausibles d'accusation : sa dénonciation se borne à dire que la société des Jésuites est odieuse (à ses yeux sans doute), que son existence est flagrante (c'est-à-dire prise sur le fait), que l'ordre est prohibé et proscrit (ce qui reste à démontrer), que quatre mandemens d'évêques sont complices, fauteurs des Jésuites (ce qui ne présente aucun sens.)

Et, dès que sa conscience s'est ainsi déchargée du devoir le plus impérieux, il part, il retourne labourer les flancs des montagnes d'Auvergne, n'ayant pas même la pensée que leurs cratères, maintenant glacés, puissent se rallumer jamais, puissent jamais ravager les guérêts de Randanne. De tous les volcans éteints, le seul auquel il soit donné de ressusciter, suivant lui, c'est le Vésuve de Mont-Rouge.

Il faut se résoudre à discuter, l'un après l'autre, tous les chefs de l'acte d'accusation ; authentique document, où les professeurs émérites et les suppléans agrégés de Charenton, pendant leurs momens lucides, vont chercher et parfois imaginent rencontrer les causes efficientes de ces paroxismes de manie dont ils se sentent assaillis à l'improviste ; monument grandiose où le génie de haine et de colère, armé de la perspicacité de l'esprit, de l'opiniâtreté du caractère, daigna déposer et classer, sous des étiquettes distinctes, l'immense série des preuves, des indices, des présages, qui constituent le corps du délit dans le passé, le présent et l'avenir.

Il s'agit maintenant du dogme de l'infaillibilité du Pape, thèse longuement controversée entre les premiers docteurs de l'Église, entre les pouvoirs suprêmes de la société catholique, problème dont l'ultramontanisme n'est qu'un corollaire, attendu que le principe étant admis, conferrait également au Saint-Siège, la prééminence sur les conciles et la suprématie envers les monarques.

L'ascendant de Saint-Louis et de Louis-le-Grand, le poids de trente règnes révolus, semblaient avoir mis un terme à la discussion ; mais combien de grands hommes et combien d'olympiades, n'ont-ils pas signalé le règne des erreurs du paganisme ! Mais pourquoi la Raison, fille du Ciel, battrait-elle en retraite devant l'autorité des noms sous la prescription des temps ?

Ainsi devait juger ce siècle qui hérita de la foi, qui ne lèguera que des doutes : et soudain, au gré de sa fougue accoutumée, la déclaration du clergé de 1682 s'est vue anathématisée d'une part, et de l'autre préconisée.

Pour ceux-ci, c'est une loi de l'Etat, bien qu'elle ne s'applique qu'aux fidèles et non pas aux sujets, bien qu'elle n'impose aucun devoir et n'accorde aucun droit aux membres de la cité, bien qu'elle ait été abrogée, au moins virtuellement et implicitement, par la Charte qui n'admet point une religion dominante.

Pour ceux-là c'est un acte abusif, parce qu'une assemblée du clergé n'est pas un concile national, et qu'un concile national n'est pas un concile œcuménique, parce que le concile œcuménique n'aurait pas le droit de résoudre la question relative à sa propre autorité, et d'exercer, par son décret même, une puissance qui est encore contestée.

Or, quant au principe abstrait, les uns ont tort, et les autres ont raison : le seul embarras est de prononcer entre eux. Mais à l'égard du résultat effectif, les partis sont au pair ; il n'y a ni tort ni raison ; il y a néant.

Que les partis se battent à leur plaisir, qu'ils s'insultent et s'outragent, qu'il se détestent et se méprisent, tout cela se passe au loin, rien ne nous atteint. Attendons qu'il plaise au Pape, de déposer un roi ou de convoquer un concile ; et d'ici là, vivons en paix provisoirement.

Ici, le dénonciateur à fait preuve d'un sens exquis, et, mettant à profit ces paroles de bonne foi et de grande lumière, émanées d'un écrivain célèbre, a fort bien jugé qu'une thèse dogmatique ne ressortait nullement du domaine de la justice.

« En adoptant les principes qui ont régi la chrétienté pendant dix siècles, nous n'avons pas dissimulé qu'ils ne sont point applicables en ce moment, parce qu'une doctrine quelque vraie qu'elle soit, est sans effet tant qu'on la rejette. On ne change point avons-nous dit, en quelques années, l'esprit des peuples, et jusqu'à ce que cet esprit ait changé, il est impossible que la société chrétienne renaisse... Elle existe quand on y croit, elle cesse d'être quand on cesse d'y croire. » (*Quotidienne du 13 avril 1826.*)

En conséquence, il dénonce, *non plus* une doctrine frénétique, d'abord avouée, puis vernissée...... Il dénonce expressément cette dernière espèce d'ultramontanisme plus vénéneuse encore.

« Sous ce rapport, il dénonce comme captieuse et attentatoire aux lois, une adresse contenant une prétendue *profession* de l'indépendance du trône, en ce qu'il n'y est nullement fait mention de la déclaration de 1682, laquelle à raison de cette *omission*, *a l'air* d'être négligée, d'où l'on peut croire qu'elle est jetée dans l'oubli; en ce que cet acte *semble* avoir moins pour objet d'assurer l'indépendance royale qui y est *énoncée* nominativement, que de consacrer le dogme de l'infaillibilité du Pape qu'on tient ainsi en *réserve* pour le produire, quand il le faudra, au premier conflit qu'on élèvera. »

Ainsi les griefs sont posés, définis, circonscrits, de sorte que nul n'a le droit d'y rien ajouter, d'en retrancher rien, à moins que des inspirations plus hautes encore, ne lui soient soufflées : ainsi le corps du délit est constitué de main de maître, est exposé en une telle manière, qu'on pourrait dire, sauf le respect légitimement dû au digne auteur, que l'accusateur public des beaux temps de 1794, n'a jamais mieux brillanté une cause.

Les faits incriminés consistent d'abord en une *omission*, puis en une *réserve*, qui ne sont nullement atténuées par la profession ni par l'énonciation de l'indépendance royale; et la preuve légale dérive de ce que l'acte en premier lieu, *a l'air...* en second lieu, *semble...* ce qui lève tout doute..

Donc en raisonnant à *priori*, il y a flagrant délit; et en raisonnant à *fortiori*, il y a péril flagrant: mais qui dira les coupables? Ici il faut du cœur, il faut du front, et cela ne manque pas. Le dénonciateur est embarrassé seulement de régler les rangs entre eux, d'établir une hiérarchie de criminalité.

Ainsi que la vertu, le crime a ses degrés. Or, parmi la presque totalité des évêques de France, maintenant apostats reconnus de l'Eglise gallicanne, quels sont les plus grands coupables? Ou les trois prélats qui eurent l'honneur d'être admis à déposer l'adresse entre les mains de S. M., ou les quatorze prélats qui l'avaient signée avant sa présentation, ou les soixante-six prélats qui l'ont souscrite après son acceptation par le roi.

La question est délicate et peut-être insoluble: pour le moment l'acte d'accusation devait se borner à l'indication un peu vague de *plusieurs évêques de France*

Eh oui! dans toutes ces choses, comme en mille autres qui se passent ici bas, il y a vraiment de quoi s'agiter et s'inquiéter, il y a de quoi trembler et frémir sans doute, s'il devait arriver que le Ciel, sourd aux cris de la pitié, permît à la mémoire de nos temps, de passer à la postérité.

« Pauvres gens, s'écrierait l'histoire, à la suite de tant de crises, leurs esprits restent paralysés : n'attendez plus d'eux aucun signe de discernement. Des mots font leur opinion; c'est en rêve qu'ils se prennent de peur, c'est contre des fantômes qu'ils se battent à outrance. On voit une nation, que sa puissance protège au dehors, qui au dedans n'est que trop garantie par l'indifférence, palpiter d'effroi à l'apparition des ombres gothiques de Grégoire sept et de Sixte-Quint. Pauvres gens!!! »

Il reste à parler de l'esprit d'envahissement des prêtres, résultant de leurs empiètemens continuels sur l'autorité civile, ainsi que d'une multitude d'actes arbitraires et tyranniques exercés sur les fidèles, lesquels consistent en attentats renouvelés sans cesse, en refus de communions, en violences dans les églises, en insultes et violences dans des processions, en chicanes à dessein d'humiliation, en d'autres chicanes à dessein de vengeance, en plaidoyers contre un mourant à l'agonie, en inconduite scandaleuse, en doctrine sur les refus de sépulture, en dédain ou censure des arrêts dans les mandemens (dénonciation, pag. 277 et 283).

Tel est le dépouillement général des crimes et délits, forfaits et attentats journellement commis par cette classe, que désigne un démoniaque génie sous le titre du *parti-prêtre.*

Plût à Dieu qu'il existât un parti-prêtre, s'il est permis de s'approprier une telle expression en lui donnant l'acception la plus contraire! Pour qu'il existât un parti-prêtre, il faudrait au préalable que le clergé recouvrât la liberté de de s'assembler de s'entendre, de s'accorder ; il faudrait que le clergé fît corps, car la formation d'un parti, d'un esprit ne peut avoir lieu que dans un corps.

Et dès lors ce parti ne serait autre que le parti de la propagation de la foi, de la consécration de la morale ; dès lors cet esprit ne serait que l'esprit de charité. Tel est le caractère essentiel d'un corps quelconque, que, mettant de côté les petites passions de l'individu, il marche franchement devers ses fins propres : telle est la position présente du corps ecclésiastique, que, d'une part, il sent la nécessité de suivre des voies prudentes, tandis que, de l'autre, il est soumis à l'influence du gouvernement.

Une astucieuse et pusillanime politique apposa ici son *véto*, en sorte que les membres épars de l'église, restent à la merci de leurs inspirations, et sont réduits à faire usage du pouvoir discrétionnaire.

Voyez ces prélats, trop souvent accablés sous le poids de l'âge et de l'infortune, à qui la charge est imposée de renouer la chaîne brisée des siècles, de recueillir et rétablir les traditions perdues de l'Église de ramener, raffermir et rallier à la fois.

Le Ciel n'est pas plus pur que le fond de leur

cœur; mais quelle est la vertu qui ne soit exposée à manquer de patience ou de sagesse, d'expérience ou de sagacité ?

Voyez les prêtres du second ordre; ceux-ci, qui suivent les anciens erremens, prêchant d'exemple autant que de parole, se confiant au temps plus qu'à leur zèle, adoucissant la rigueur des préceptes afin d'en étendre et en assurer l'empire; ceux-là, qui, s'attachant à la lettre et, connaissant peu les hommes, obéissent à l'instinct de la conscience privée, accomplissent le devoir abstrait de l'individu, sans apprécier assez les conséquences de leurs actes et de leurs discours.

Partout les lumières sont individuelles, les vertus sont individuelles : nulle ligne de direction n'est tracée; nul régulateur du mouvement n'est imposé. Bien loin d'être observée, la règle n'est pas même établie; et c'est la règle seule qui, en tous temps, en tous lieux, à Sparte comme à Malte, dans l'état comme dans l'église, donne la mesure, maintient sur les voies, conduit au succès.

Aucun mortel ne s'est encore entièrement dépouillé du vieil homme; quelques lambeaux, quelques vestiges, en apparaissent chez les plus grands saints. Il y a de l'homme dans le prêtre; il y a l'homme-prêtre : la justice et la décence s'arrêtent là.

Il en résulte des torts inévitables, des maux bientôt incurables.

A qui la faute? à ce ministère qui ne veut point de concile, point de synode, point de Sorbonne, choses si simples à désirer, si faciles à exécuter, et nécessaires à la religion, autant que favorables à l'Église gallicane : à ce ministère qui prend peur de tout, qui donne peur de tout, et dont la peur ne se modère quelque peu qu'à mesure qu'elle se propage dans les esprits.

Pour qui le blâme? ces haines, ces outrages, ces calomnies, le disent assez. Une foule de têtes bornées et d'imaginations déréglées, accourant des deux bords de l'horizon, se rencontrent et se rallient sur le vaste champ de l'erreur.

Qu'on blâme donc si tel est le bon plaisir; à cet égard la volonté suffit; mais que peut-on craindre?

Il est aisé de se soustraire aux attentats à la Montlosier, insultes, violences, chicanes, etc. Vous êtes des esprits forts; n'entrez pas dans les églises, évitez les processions, refusez d'être parrain, et surtout n'allez pas, *mourant à l'agonie*, plaider pour cinq ou six pieds de terre (1).

(1) « Les choses en sont au point, qu'averti de la défense

Ici se termine la liste des attentats proprement dits; et sans doute le limier qui s'est mis en quête a trop bon nez pour en avoir sauté un seul. Existerait-il d'autres délits du genre des peccadilles? votre femme et vos enfans seraient-ils accueillis au confessionnal? auraient-ils de la répugnance à manquer la messe, à travailler le dimanche, à fréquenter les lieux de plaisirs? vous êtes de grands esprits; il faut aller au fait et juger par le résultat: voyez donc s'ils sont devenus moins tendres, moins soumis, moins économes.

Mais vous n'avez jamais tremblé devant cette multitude d'actes arbitraires et tyranniques; vous n'êtes épouvanté que des empiétemens continuels

---

que l'évêque du département a faite au curé de sa paroisse, il est occupé en ce moment à prendre des arrangemens pour qu'en cas de décès, ses derniers momens et sa sépulture aient lieu hors de l'église, sans scandale. »

Ainsi il est écrit dans la notice biographique, adjointe à la lettre d'accusation contre les Jésuites (page 22); et sans doute, le public, non sans mettre à profit la bonne leçon, sera charmé d'apprendre que les futurs mânes de l'auteur de la dénonciation, ne seront point forcés de courir les champs, à la recherche de leurs nouveaux pénates, désormais marqués du sceau de l'éternité.

des prêtres sur l'autorité civile. C'est la chose publique qui vous tient au cœur; rien n'est plus beau. Un mot vous rendra le calme; il faudrait que votre chose publique fût régie bien niaisement pour se laisser subjuguer par le clergé : d'un côté sont les armes, les écus, les lois, les tribunes et les presses; que voyez-vous de l'autre? quelques consciences inquiètes, quelques opinions téméraires!

Le ministère irait-il courir au devant du joug ecclésiastique? ce serait du nouveau; les annales d'aucun peuple n'en présentent l'exemple, et le siècle n'y porte pas. Ils sont loin de nous ces temps où le faible se réfugiait sous le patronage de l'église.

Nous ne sommes pas au bout. Il y a des plaintes contre la loi du sacrilège; qu'on examine les arrêts rendus depuis deux ans : ils portent la plus vive lumière à ceux qui la repoussaient, comme à ceux qui l'ont adoptée.

Il y a des répugnances contre les projets relatifs aux actes civils; à cet égard, les conséquences ne sont pas encore sorties de l'avenir; peut-être des rêves trompent également des deux bords. Un changement n'est-il prescrit que pour la forme? quelque bout de loi suffit; entend-on qu'il amène des effets utiles? c'est le lieu de tout peser, de tout prévoir. Où le temps réussirait, la contrainte serait superflue ; où le temps échouerait, la contrainte serait vaine. On y songera apparemment.

D'autres appréhensions encore plus subtiles peuvent éclater : il est donné à la peur de voir clair comme le jour, sous les ténèbres du plus lointain avenir.

Qui sait si les billets de confession ne reviendront pas à la mode ; si le serment du *test* ne sera pas imposé à la loyauté ; si le tribunal du saint-office ne reparaîtra pas dans toute sa gloire ? Pour craindre ces choses, il n'est requis qu'un degré de folie de plus, car l'esprit qu'on suppose et la force qu'on prête au clergé, mènent naturellement jusqu'à ces extrémités.

A peine faut-il parler de l'esprit du clergé. Chacun prend des idées à son idée, juge les faits d'après sa manie ; et c'est œuvre impossible d'écraser l'idée dans le cerveau qui l'a conçue, d'extirper du cerveau la manie qui le régit : vainement vous feriez essayer toutes les lunettes à un homme affecté de la jaunisse, son œil qui seul est en contact avec l'intelligence, lui transmettra toujours des perceptions entachées de jaune.

Mais l'esprit se borne à souffler la volonté ; c'est la force physique ou morale, l'influence exercée par des intermédiaires matériels ou intellectuels, qui confère l'autorité, qui exécute la volonté, qui fait produire à ce principe idéal, un résultat réel et sensible.

Or, vous plaît-il d'apprendre en quoi consiste l'effectif de la force physique attribuée au clergé.

« Tous les ouvrages enrégimentés et disciplinés.

« Huit ou dix mille ouvriers bientôt réunis au grand commun.

« Des femmes de chambre et des laquais approuvés par la congrégation.

« Les villages de la campagne, les officiers de la cour, la garde royale.

« Et de plus, tantôt 130, tantôt 152, puis 105 députés. » *(Journal des Débats du 6 août.)*

Ainsi s'expriment dans le mémoire, le général en chef, et dans la consultation, ses quarante aides-de-camp. Il n'y a pas à ajouter un seul iota; on peut se permettre seulement de supprimer deux zéros à la revue du grand commun, et un zéro au scrutinage de la Chambre.

Toutefois, rien ne donne lieu de croire que la grande querelle doive se décider à coups de poings ou de pieds, pas même à coups de crosses; la langue et la plume en font leur affaire. Il ne s'agit donc que de chercher en quelle proportion se rencontrent les sens belligérans, les oreilles et les yeux. Des boules font la loi; des chiffres disent l'opinion.

Le fameux mémoire survient. C'est un gouffre qui vomit parfois et engloutit aussitôt les plus précieuses vérités, en sorte que l'esprit ne peut les saisir; c'est un chaos de scandales et de calomnies, d'absurdités et de trivialités, d'extravagances et d'inconséquences dont tout être quelconque, en toute autre circonstance, eût été choqué et révolté. Et pourtant unc immensité de sectaires décrépits et d'adeptes imberbes dévorent le livre; six éditions les rassasient à peine; les cabinets de lecture sont assiégés; chaque exemplaire court de main en main. Il y a cent mille amateurs peut-être.

Les journaux ont aussi leur langage. Et quels lugubres souvenirs, quels sinistres présages en émanent! la pensée se refuse au plus déplorable calcul; comptez sur vos doigts : entre les feuilles catholiques et les feuilles anti-catholiques, les abonnés ne sont-ils pas dans le rapport d'un à cinq, et les lecteurs dans le rapport d'un à cinquante? répondez.

Qui est-ce donc qui doit trembler? disons mieux; qui est-ce qui tremble déja? Hélas! c'est encore un de ces mille et mille sorts jetés sur l'espèce hnmaine; le nombre porte vertu; au seul aspect le cœur faillit. En face de cette masse gigantesque, peut-être le parti faible ne prendra pas la fuite, peut-être élèvera-t-il la voix et menacera-t-il du geste. La peur essaie de faire peur : mais ne vous attendez pas que le parti batte la charge et marche à l'ennemi ; c'est à peine si l'épée sort du fourreau.

En cette lamentable et désastreuse discussion, l'observation la plus importante à faire n'a pas encore été faite.

De même que le serpent de mer, ardent à poursuivre sa proie, s'élance de l'abîme et lève sa crête étincelante au-dessus des vagues tumultueuses; cet être de sorte étrange, dont la verve se tint constamment à la merci de ses haines ou à la solde de ses vanités, apparaît, le front haut, l'œil fixe, debout sur les ruines dispersées de l'ordre social; et tonne, éclate, foudroie, ne respectant ni l'autel et le trône, ni les croyances et les habitudes, ni les convenances et les nécessités, ni les leçons du passé, ni les garanties de l'avenir.

Vous pensez peut-être que l'horreur et le mépris vont être chargés de combattre les sophismes, de condamner les blasphèmes, et qu'en ces momens où la chose même est en péril, il ne sera fait nul état de l'homme. Détrompez-vous.

Les pamphlets et les journaux, sauf un peitt nombre d'exceptions, se confondent en égards, s'embrouillent en formules de politesse, se perdent en un dédale de circonlocutions ; comme s'il y avait à présenter des excuses, à solliciter l'agrément, avant d'entrer en lice.

Il n'est question, ce semble, que d'une controverse abstraite, d'une thèse livrée aux débats de l'Ecole. Devant le géant de renommée, qui tient la chaire, ce n'est pas sans effroi, sans embarras, que la critique tente de se soulever de quelques bancs éparpillés dans la salle. On n'ose l'envisager, le juger d'un regard ; on n'ose aller droit à la personne, la saisir au corps, et, déchirant la robe éblouissante dont elle s'enveloppe, exposer au grand jour les plus honteuses nudités (1) ?

---

(1) *Extrait de l'Aristarque du 17 août.*

Lorsqu'il plaît à un homme de mettre en avant ses titres et de faire emploi de ses talens, dans la vue d'entraîner, d'enlever cette opinion vulgaire, toujours prête à se laisser convaincre avec des mots ; s'il n'y a moyen de méconnaître, ni de paralyser les influences de la verve la plus vive et la plus brillante, on est contraint d'examiner, de vérifier la valeur réelle et effective des titres qui menaceraient de donner plus de poids encore aux talens.

Tel est le sentiment, le devoir plutôt qui me détermine à vous adresser un extrait de la brochure intitulée : *Quelques vues sur l'objet de la guerre*, etc., par M. de Montlosier, publiée pendant les cent jours, etc., etc. D. L. G.

« On croit que c'est Napoléon, que c'est Louis XVIII qui
« sont le principal objet de la guerre. Pour faire disparaître

Faut-il donc croire que les plumes appelées à se mesurer contre sa plume, ne sont point inspirées par des sentimens vrais, ne sont point soutenues par une vocation réelle; et qu'en défendant les saines doctrines, les nobles maximes, c'est une tâche qu'elles achèvent, un métier qu'elles exercent, avec une certaine répugnance peut-être, et du moins avec une indifférence parfaite?

Ou faut-il croire plutôt que les esprits qui luttent contre le génie du siècle, frappés de son allure impétueuse, confondus par ses progrès successifs, hésitent à lui rompre en visière : faut-il croire que les caractères, abattus par des crises alternatives, loin de se sentir en force pour opposer au torrent, des digues tutélaires, ne gardent plus d'autre ambition, que d'amortir la violence de l'irruption, et de niveler de degré en degré le cours indomptable du débordement?

Mais qui est-ce donc qui doit trembler ?

« ces deux allégations, on n'a qu'à supposer qu'au lieu de « *déranger* la situation faite par Louis XVIII, Napoléon s'y « fût, au contraire, placé tout entier; qu'il eût cherché à « l'étendre, à la perfectionner, et qu'il eût montré ainsi, à « toute l'Europe, un régime doux, *consolidé*, allant *de pair* « avec le sien...... Cette guerre n'aurait pris aucun caractère « ardent, et la tranquillité et la fixité de la France auraient « *désarmé* toutes les nations, en leur laissant à elles-mêmes, « en toute sécurité, la perspective de leur propre fixité. » (Pages 8 et 9.)

Il faut avoir lu l'histoire pour donner foi à ce qu'on voit, à ce qu'on entend. Les temps les plus reculés nous portent la même leçon : l'homme est avide d'agitations, insatiable d'émotions : et il importe peu d'où elles proviennent, à quoi elles tiennent; l'imagination ne demande qu'à se repaître, en quelque manière que ce soit. Le champ de la réalité lui présente des limites trop étroites, trop arrêtées; il y a plus de latitude, en la région des rêves : les illusions, les visions seront accueillies et recherchées; c'est dans leur sphère que l'idée peut jouer en toute liberté.

L'idée vaine et vague, étant susceptible d'une extension indéfinie, suffit pour remplir, pour combler la plus belle vie : soit qu'elle ambitionne de mettre en contact avec les nues cette fameuse tour bâtie de main d'homme; soit qu'elle aspire à piquer les drapeaux de la victoire aux quatre coins de l'Europe; soit qu'elle envie de faire jaillir le cours des trois au niveau des fonds anglais, c'est tout de même à n'en jamais finir. Sur une échelle aussi démesurée, où tour à tour se fait un pas en avant et un pas en arrière, il y a de quoi promener l'esprit le plus vagabond : nulle excursion au dehors ne le tente désormais. L'idée devient fixe ; l'intellect se concentre sur un point : c'est justement ce qu'on appelle la *monomanie*.

Rien ne doit donc étonner de la part de nos lunatiques cerveaux. Le vertige de la liberté et le prestige de la gloire, comètes errantes que rejette loin de nous, pour des siècles, leur orbitre excentrique, ont disparu de l'horizon : le goût qui, dit-on, naquit français, a renié sa patrie, enlevant aux lettres et aux arts, leur puissance d'attraction : et l'industrie, qui se tient suspendue entre le monopole et les systèmes, ne fournit point une matière appropriée aux besoins de l'imagination.

Il faudra que l'esprit se mette en quête, aille à la chasse aux idées et fouille le vaste champ laissé en friche par la retraite des temps : il faudra évoquer de la poussière des archives, quelqu'une de ces gigantesques figures, dont les ombres se projettent vaguement au chaos de la mémoire. Dans une perspective aussi lointaine, à travers cette atmosphère vaporeuse, les objets ont l'avantage de se représenter sous les formes grotesques que leur prête le caprice de l'idée ; au dernier terme où puisse s'étendre la vue, les bâtons flottans, prennent l'apparence de vaisseaux.

Ainsi seront mis en scène sur le grand théâtre, les spectres surannés, les images fantastiques du jésuitisme, de l'ultramontanisme, du congréganisme, qui fixent l'attention, absorbent la pensée, circonscrivent l'intelligence ; en sorte que les sens se refusent à toute perception et l'esprit à toute conception. La politique, l'armée, les finances, l'administration, ignobles réalités, ne sont plus dignes d'être prises en considération : osez-vous en parler? Personne n'écoute ; vous n'êtes pas dans la question : il s'agit bien de disputer sur de telles babioles, quand l'être social est dévoré jusqu'au cœur par les chancres du fanatisme.

Or, le ministre est-il heureux? au moment même où battue en brèche de toutes parts, et menacée du dernier assaut, la place n'était plus tenable, voilà qu'une nuée de fantômes, enfantés par quelque noire magie, fait irruption dans le camp des assiégeans : et soudain rompant leurs rangs, abandonnant leurs travaux, les guerriers troublés, s'acharnent à la poursuite de ces visions, se méconnaissent entre eux, tournent leurs armes les uns contre les autres ; insensés qui ne voient pas l'ennemi, désormais tranquille derrière ses remparts, se rire de tant de folies.

Bientôt la contagieuse manie aura surpris les têtes les plus fortes, et s'y développera avec une intensité progressive, en raison même des puissances de l'Esprit et de l'énergie du caractère. Des hommes qui n'ont jamais brûlé l'encens sur les hauts lieux, qui, au mépris de tous les périls, ont dirigé constamment une influence prédominante, dans le sens des doctrines religieuses, pour la première fois, se verront entraînés sur les voies de la foule, et trop confians en des auxiliaires nouveaux, laisseront dérober et détourner leur autorité, au profit des complots les plus hostiles.

C'est vainement que le blâme et le reproche iront les poursuivre, les assaillir jusqu'aux bornes de l'importunité : jamais la voix faible et isolée, qui balbutie les conseils de la sagesse, n'a forcé les barrières de la passion et de la prévention ; sa témérité encourre des risques gratuits.

Un seul être était capable d'exercer quelque ascendant ; celui-là même, dont la chute précipitée dut allumer au sein de l'ardente amitié, ces feux de colère et de vengeance, qui, sans cesse excités par le souffle des tempêtes, maintenant jettent flamme de toutes parts, et menacent de consumer jusqu'en ses fondemens l'édifice politique ; celui-là même, dont la plume enchanteresse, revenue des écarts de la jeunesse, se voua au culte des choses saintes, et dans cette alliance propice, obtint des autels, plus de faveurs qu'il ne leur porta d'aide.

Et cet être n'apparaît point, n'intervient point.

Serait-ce que son talent l'ait quitté ou que ses maximes soient altérées? Serait-ce que sa renommée fut condamnée à pâlir au terme de la vie, ou à resplendir sous une phase contrastante? Enfin faudrait-il croire que l'acte de ses dernières volontés nous soit transmis en ces lignes tellement inconcevables. « Dans cette position, tout homme sage doit songer à lui ; il doit se séparer de ce qui nous perd, pour trouver un abri au moment de l'orage. » (Débats du 6 septembre 1826.)

Du reste, ce n'est pas la peine de s'exprimer au sujet de ces gens qui, conséquents du moins, servent leur parti en suivant leur passion; non plus qu'à l'égard de cet homme qui, de tout temps, ne suivit que sa passion en servant son parti, et s'enrôla indifféramment sous tel ou tel drapeau, au gré de ses manies, de ses vertiges; de cet homme qu'on vit, en 1789 et 1790, irriter et ulcérer, par les plus sanglantes invectives, une faction déja supérieure en force et incertaine encore dans ses desseins; qu'on vit en 1800 (1), donner au courrier de Londres, une physionomie favorable au chef de l'Etat, après des conférences secrètes avec son ministre des affaires étrangères; qu'on vit dans

(1) *Lettre d'accusation contre les Jésuites*, par M. le comte de Montlosier, pages 14, 16, 21.

la même année, rappelé en France par le ministre de la police, obtenant à titre d'indemnité de son journal, une place au ministère des affaires étrangères, et chargé par Napoléon de composer un ouvrage sur l'ancienne monarchie; qu'on vit enfin en 1811, recevoir l'ordre et accepter la charge d'entretenir une correspondance politique, en 1814, être repoussé par les Bourbons à leur entrée en France, attendu son attachement pour Bonaparte, en 1815 (1), se mettre en frais pour rassurer la dynastie Napoléonienne sur l'objet de la guerre, pour combiner et proposer les moyens de terminer la révolution, sous le *statu quo* du 20 mars; et qu'on voit en ces temps même, comme si son heureuse étoile, était prédestinée à circuler et rouler éternellement dans l'orbite des affaires étrangères, recevoir par anticipation, de la part d'un certain journal, les honneurs du panégyrique (2).

Cependant le délire suit son cours, et marche à grands pas vers l'envahissement de tous les es-

---

(1) *Quelques vues sur l'objet de la guerre et sur les moyens de terminer la révolution;* par M. de Montlosier, 1815, chez Nicolle et Delaunay.

(2) Il serait plus que temps d'en finir avec toutes ces pasquinades sans sel, sans goût et sans esprit dirigées contre M. de Montlosier. De plates trivialités adressées à un homme de cette force et de ce talent, ressemblent trop aux petites

prits, vers l'usurpation de toutes les consciences, Il était dit que la dénonciation faite par un tel homme serait accueillie dans le sanctuaire de la Justice; que cet acte, qui ne contient qu'un seul fait positif, qu'un fait bien connu, donnerait l'éveil au sénat des sages et des forts, donnerait le jour à un arrêt souverain.

Il faut analyser cet arrêt, et dans sa lettre, et dans son esprit.

Le réquisitoire tendait à ce qu'il fût dit par la Cour qu'il n'y avait lieu à délibérer : l'arrêt porte que la Cour se déclare incompétente (*Étoile du 20 août.*)

Quant à l'effet légal, ces deux formules ne différaient en rien : de même les parties étaient mises hors de cause; de même l'instance était comme non avenue; et d'ordinaire la justice s'en contente.

Ne semblerait-il pas que l'effet moral ait été recherché, que la déclaration d'incompétence ait été préférée, afin d'amener en tête une série de considérans, afin de *motiver* la présentation des motifs.

---

flèches d'un pygmée dont le géant ne sent pas même la piqûre. Si celui-ci voulait s'en donner la peine, il écraserait de sa massue son ridicule adversaire; mais il se détourne avec dédain et poursuit sa route sans le regarder.

(*Drapeau Blanc 31 août.*)

Mais qu'est-ce que des considérans qui n'ont aucun rapport avec le dispositif, qui n'ont point pour objet de justifier l'arrêt, de développer les principes, dont la conséquence doit être exprimée par l'arrêt?

A l'exception du troisième, les considérans se mettent à faire de la jurisprudence ou plutôt de la législation.

Suivant la teneur du premier, sont et restent en pleine vigueur les arrêts et édits de 1760, 1764, 1771, de ces temps qui ne sont plus; et en outre certaine loi émanée sous le canon du 10 août, certain décret émis sous le bon plaisir de notre ci-devant maître, en ces temps qui ne seront plus, Dieu aidant.

Dans le texte du second, il est énoncé que ces édits et arrêts sont fondés sur l'*incompatibilité, reconnue* entre les principes professés par les Jésuites et l'indépendance de tout gouvernement; puis il est prononcé en premier et dernier ressort que lesdits principes sont bien plus *incompatibles* encore avec la charte constitutionnelle : expressions jusqu'à cette heure inusitées dans le style judiciaire et empruntées, à la banale formule des actes de divorce.

Enfin, le même considérant proclame en point de droit qu'il résulte desdits arrêts et édits que l'état de la législation s'oppose formellement au rétablissement de la compagnie *dite de Jésus* : portant ainsi l'injonction expresse, et imposant l'obligation légale, aux pouvoirs chargés de la haute police, de supprimer et de dissoudre les congrégations, associations ou autres établissemens de ce genre, qui sont ou seraient formés au mépris des arrêts, édits, lois et décrets sus-énoncés : ainsi qu'il est dit dans le troisième considérant.

Cela fait, vient l'arrêt qui, se confiant en la vertu des considérans, déclare purement et simplement que la Cour est incompétente, et récuse ainsi toute intervention de sa part, abolit ainsi la seule force capable de résistance.

Et par malheur tous ces considérans, auxquels se rattachaient tant d'espérances, deviennent nuls et de nul effet, attendu qu'il a été décidé par la Cour de Cassation, 1° que le jugement est tout entier dans le dispositif ; 2° que les motifs des jugemens ne sont autre chose que des raisonnemens et des opinions (*Étoile du 21 août.*)

Au moyen de quoi, il se trouve, d'une part, qu'entre l'arrêt par lequel la Cour se déclare incompétente, et l'arrêt où il eût été déclaré qu'il n'y avait lieu à délibérer, s'il n'existe pas une synonymie matérielle quant au nombre et à la forme des lettres, du moins il existe une parfaite similitude à l'égard de l'effet légal et de l'effet moral : en sorte que, pour fixer son choix entre les deux formules, la raison même commandait de tirer à la courte paille.

Au moyen de quoi, il se rencontre, d'autre part, que la critique est dûment et formellement investie, vis-à-vis tous considérans passés, présens et futurs, des droits, privilèges et prérogatives dont il lui a plu de faire usage en ce lieu.

La plume n'a exercé qu'un droit; et la plume a rempli un devoir. Il fallait tout dire; il fallait mettre en évidence la vérité, la plus grande, la plus haute vérité, la vérité qui, enfin connue et comprise, peut seule sauver la religion de l'Etat, de ses ennemis acharnés, et de ses indiscrets amis.

La vérité est, qu'à la suite et par suite, ce semble, de certains actes et discours qui, sans que l'intention soit blâmable, sont dénoncés par l'effet qu'ils ont produits, comme intempestifs et inconsidérés; l'esprit du siècle déja si mal préparé, si mal disposé sous le rapport des principes religieux, s'est irrité encore, s'est exaspéré de plus en plus, et, franchissant tous les degrés, brisant toutes les barrières, est soudainement parvenu jusqu'à cette limite désormais impossible à dépasser, jusqu'au fanatisme anti-catholique.

Et c'était la Cour royale même, noble et

digne corps, seul corps qui soit vraiment réorganisé et revivifié, seul corps qui se maintienne intact, immuable, impassible, seul corps auquel se rapportent les actions de grace et les espérances de la patrie; dont les fastes devaient présenter le signe incontestable, le témoignage irréfragable de la vérité.

Moins pure, moins sage et moins forte, la Cour royale n'eût point été citée : son exemple ne faisait plus preuve, son arrêt ne faisait plus loi. L'éclair de la critique découvre un immense horizon de respect et de foi.

Mais le temps, fort divers en son cours, tantôt jette les ténèbres, et tantôt répand la lumière. Qui sait si quelque réflexion ne doit pas surgir dans l'ame des membres de la Cour, maintenant dispersés et isolés, échappés au tourbillon de la fallacieuse cité, et retrouvant en la maison des champs le calme, le loisir, la liberté, guides tutélaires, amis précieux de la conscience.

Qui sait si leurs esprits ne doivent pas être saisis d'étonnement, en se rappelant comment à l'occasion d'un certain écrit, les Chambres se sont émues, se sont assemblées, comment elles ont gravement discuté et homologué sous forme d'arrêt, cette œuvre décorée du titre de dénonciation, œuvre informe, indigeste, incohérente, dont il n'y a moyen de faire ressortir l'indicible ridicule, qu'en transcrivant mot pour mot l'extrait des faits inculpés et des preuves fournies(1); tandis que par le contraste le plus choquant, en ces lieux consacrés à la justice, soit sur les sièges, soit au parquet, soit à la barre même, la parole ne s'est point élevée, ne s'est point développée en un acte légal d'accusation, au sujet de ces outrages, de ces calomnies, de ces diffamations contre des personnes, contre des classes, contre un ordre, contre le culte et le dogme; au sujet surtout de cette diatribe scandaleuse, en laquelle s'accumulent et se confondent toutes les sortes de délits, sur la déclaration des évêques de France, déposée entre les mains du Roi (2).

Dieu le veuille!

---

(1) Voir l'*Extrait* ci-contre.

(2) Voir l'*Invocation aux Autorités, relativement au système diffamatoire signalé en deux énormes volumes*, chez Hivert et A. Pihan Delaforest.

Extrait Littéral de la Dénonciation du système résultant des quatre fléaux suivans :

PREMIER FLÉAU.

Faits. — L'existence de plusieurs réunions illicites... ......qui paraissent toutes liées........ qui tendent à se composer une influence .... qui espèrent maîtriser le ministère.

Preuves. — Des révélations particulières, le propre témoignage et celui de différentes personnes.

DEUXIÈME FLÉAU.

Faits. — L'existence flagrante d'un établissement jésuitique, situé dans la banlieue, en infraction des lois : et concurremment comme complices, fauteurs des Jésuites, les mandemens de plusieurs évêques.

Preuves. — Une lettre secrète du général des Jésuites, l'aveu solennel du ministre et l'extrait de quatre mandemens, l'un faisant allusion et deux autres donnant une grande louange aux Jésuites, le dernier rédigé dans des termes encore plus hostiles.

TROISIÈME FLÉAU.

Faits. — Une dernière espèce d'ultramontanisme à cause du scandale, vernissée. . . . . plus vénéneuse encore . . . . . . enveloppée de dissimulation.

Une prétendue profession de l'indépendance du trône...

. . . . . une omission à l'égard de la déclaration de 1682, laquelle a l'air d'être négligée, d'être jetée dans le néant.

Une nouvelle déclaration inventée pour anéantir la précédente, qui semble consacrer le dogme de l'infaillibilité du Pape, qu'on tient ainsi en réserve pour le produire quand il le faudra.

Preuves. — L'acte déposé entre les mains de Sa Majesté, par trois prélats qui ont eu l'honneur d'être admis le 10 avril 1826 à l'audience du Roi, au nom de quatorze évêques de France, et maintenant signé par quatre-vingts évêques. (*Quotidienne du* 10 *avril.*)

QUATRIÈME FLÉAU.

Faits. — Les attentats des prêtres contre les citoyens : ici des refus de communions, là des violences exercées dans les églises contre les citoyens, ailleurs des insultes ou des violences, notamment dans des processions.

Ici en dessein d'humiliation, des chicanes à l'occasion d'un baptême; là, d'autres chicanes en dessein de vengeance, à l'occasion des sépultures; ailleurs, un mourant à l'agonie, forcé d'envoyer plaider contre son curé chez son évêque.

De plus, des mandemens qui ont paru ou dédaigner ou même censurer les arrêts de la Cour Royale.

Preuves. — Sous la main, une liasse de cinq cents faits plus ridicules les uns que les autres, qui sont autant d'attentats de la part des prêtres. . . . . . attentats qui se renouvellent sans cesse et qui produiront enfin une explosion.

De l'Impr. d'A. Pihan Delaforest, rue des Noyers, n. 37.

www.ingramcontent.com/pod-product-compliance
Ingram Content Group UK Ltd.
Pitfield, Milton Keynes, MK11 3LW, UK
UKHW021015180726
13838UKWH00004B/1549